W9-DFO-243

173587

Dinosaurios

Rachel Firth

Diseño: Neil Francis,
Nickey Butler y Cecilia Bonilla

Ilustraciones: Franco Tempesta y John Woodcock
Manipulación fotográfica: John Russell

Asesoría: Dr. David Martill y Darren Naish
Directora de la colección: Gillian Doherty
Dirección editorial: Jane Chisholm
Dirección de diseño: Mary Cartwright

Traducción: Sonia Tapia
Redacción en español: Pilar Dunster y Anna Sánchez

GRAND ISLAND PUBLIC LIBRARY

Un Styracosaurus

Índice de materias

Links de Internet

Los recuadros intercalados en el texto contienen descripciones de páginas web relacionadas con el tema del libro. Para poder visitarlas necesitas tener acceso a un ordenador conectado a Internet.

★ Al lado de algunas de las ilustraciones encontrarás este símbolo. Indica que puedes descargarlas desde la página web de Usborne www.usborne-quicklinks.com/es

Hay más información sobre el uso de Internet y la descarga de ilustraciones en el reverso de la cubierta del libro y en la página 62.

¿Qué son los dinosaurios?

Los dinosaurios pertenecen a un grupo de animales llamados "reptiles". Aparecieron hace 220 millones de años y se extinguieron hace 65 millones de años, mucho antes de que existiera el ser humano, en una época llamada la era mesozoica. Todas las criaturas que vivieron antes que el hombre son animales prehistóricos.

Distintos dinosaurios

Existían muchas clases de dinosaurios, aunque no todas se dieron en la misma época. Algunos dinosaurios eran muy grandes y otros muy pequeños. Muchos eran rápidos, aunque también los había lentos. Pero todos vivían en tierra firme y ninguno volaba.

Animales prehistóricos

Mientras los dinosaurios habitaban la tierra firme, unos reptiles gigantescos vivían en los mares y otros volaban por los aires. En esta misma época ya habían aparecido otros animales que todavía existen hoy en día, como los cocodrilos y los tiburones.

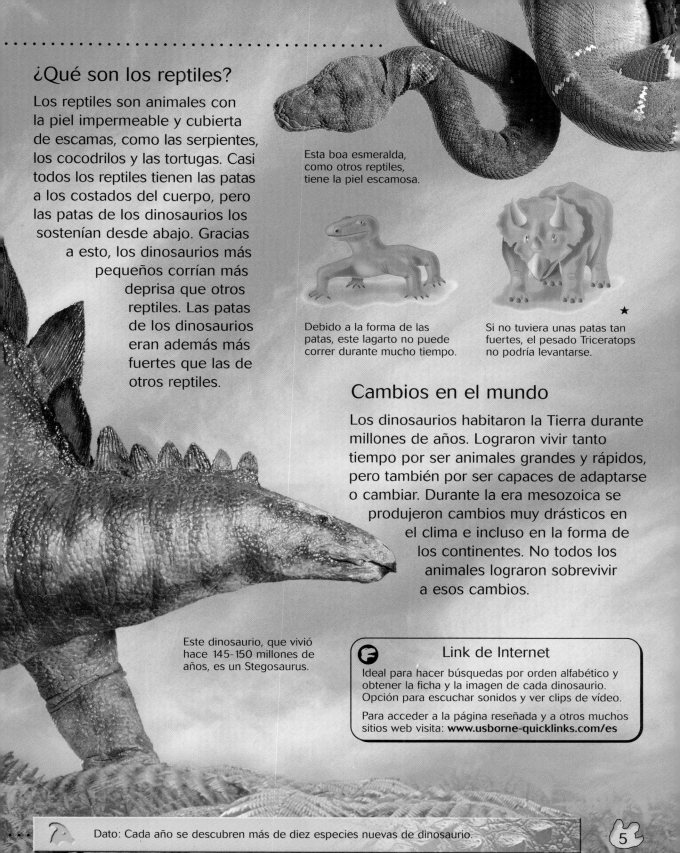

¿Qué son los reptiles?

Los reptiles son animales con la piel impermeable y cubierta de escamas, como las serpientes, los cocodrilos y las tortugas. Casi todos los reptiles tienen las patas a los costados del cuerpo, pero las patas de los dinosaurios los sostenían desde abajo. Gracias a esto, los dinosaurios más pequeños corrían más deprisa que otros reptiles. Las patas de los dinosaurios eran además más fuertes que las de otros reptiles.

Esta boa esmeralda, como otros reptiles, tiene la piel escamosa.

Debido a la forma de las patas, este lagarto no puede correr durante mucho tiempo.

Si no tuviera unas patas tan fuertes, el pesado Triceratops no podría levantarse.

Cambios en el mundo

Los dinosaurios habitaron la Tierra durante millones de años. Lograron vivir tanto tiempo por ser animales grandes y rápidos, pero también por ser capaces de adaptarse o cambiar. Durante la era mesozoica se produjeron cambios muy drásticos en el clima e incluso en la forma de los continentes. No todos los animales lograron sobrevivir a esos cambios.

Este dinosaurio, que vivió hace 145-150 millones de años, es un Stegosaurus.

Link de Internet

Ideal para hacer búsquedas por orden alfabético y obtener la ficha y la imagen de cada dinosaurio. Opción para escuchar sonidos y ver clips de vídeo.

Para acceder a la página reseñada y a otros muchos sitios web visita: **www.usborne-quicklinks.com/es**

Dato: Cada año se descubren más de diez especies nuevas de dinosaurio.

5

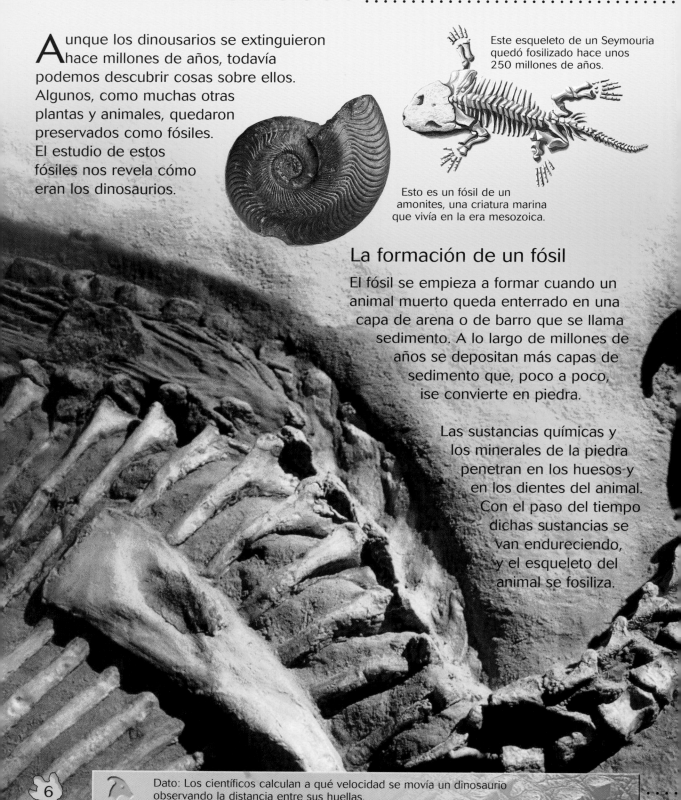

Fósiles fantásticos

Aunque los dinousarios se extinguieron hace millones de años, todavía podemos descubrir cosas sobre ellos. Algunos, como muchas otras plantas y animales, quedaron preservados como fósiles. El estudio de estos fósiles nos revela cómo eran los dinosaurios.

Este esqueleto de un Seymouria quedó fosilizado hace unos 250 millones de años.

Esto es un fósil de un amonites, una criatura marina que vivía en la era mesozoica.

La formación de un fósil

El fósil se empieza a formar cuando un animal muerto queda enterrado en una capa de arena o de barro que se llama sedimento. A lo largo de millones de años se depositan más capas de sedimento que, poco a poco, ise convierte en piedra.

Las sustancias químicas y los minerales de la piedra penetran en los huesos y en los dientes del animal. Con el paso del tiempo dichas sustancias se van endureciendo, y el esqueleto del animal se fosiliza.

Dato: Los científicos calculan a qué velocidad se movía un dinosaurio observando la distancia entre sus huellas.

Huesos de piedra

Los fósiles de cosas duras, como hueso y dientes, se llaman fósiles corporales. Gracias a ellos podemos calcular el tamaño y la forma de los dinosaurios. Las personas que estudian los fósiles se llaman paleontólogos.

Los huesos de este dinosaurio fosilizado pesan más que los huesos normales, porque tienen dentro sustancias químicas endurecidas.

Link de Internet

Si te preguntas cómo es posible que todavía podamos observar las huellas que dejaron los dinosaurios hace millones de años, consulta esta página web que lo explica todo con gran claridad.

Para acceder a la página reseñada y a otros muchos sitios web visita: **www.usborne-quicklinks.com/es**

Raros hallazgos

En poquísimas ocasiones también se fosilizan las partes blandas de los animales, como los músculos o los riñones. Estos fósiles son extraordinarios, porque las partes blandas suelen pudrirse antes de quedar fosilizadas, pero son muy interesantes porque nos revelan datos sobre el interior de los animales.

Este científico está dejando al descubierto unas huellas de dinosaurio.

Huellas fósiles

Además de los fósiles de huesos y dientes, también se han descubierto huellas fosilizadas de animales, hojas con marcas de mordeduras de insectos e incluso excrementos de dinosaurios. Estos fósiles se llaman huellas fósiles.

Las huellas fósiles no se forman exactamente como los fósiles corporales. El fósil de una huella, por ejemplo, se puede formar cuando una pisada fresca queda cubierta de sedimento. Con el tiempo este sedimento se hace piedra.

Detectives de dinosaurios ....

Constantemente se descubren fósiles de dinosaurio en todo el mundo. A veces se encuentran por casualidad, pero casi siempre los paleontólogos saben más o menos dónde buscar.

¿Dónde buscar?

Para descubrir fósiles de dinosaurio, hay que buscar en la roca adecuada. Los fósiles de dinosaurio sólo se encuentran en la roca sedimentaria que se formó durante la era mesozoica.

Hallazgos prometedores

No toda la roca sedimentaria formada en la era mesozoica contiene fósiles. Los paleontólogos buscan restos de fósiles por el terreno antes de emprender una excavación, porque si hay trozos de huesos de dinosaurio en la superficie, es muy posible que haya más bajo tierra.

Al picar la roca, los paleontólogos dejan al descubierto el espectacular fósil de un esqueleto de dinosaurio.

Link de Internet

Un sitio web con fotos de fósiles de plantas, caparazones de la era de los dinosaurios y el esqueleto de un mamut.

Para acceder a la página reseñada y a otros muchos sitios web visita: **www.usborne-quicklinks.com/es**

Dato: En la antigua China pensaban que los fósiles de dinosaurio eran dientes de dragones, y los molían para usarlos en sus medicinas.

La caza del fósil

No es fácil extraer fósiles de las rocas porque suelen ser muy frágiles. Los paleontólogos tardan semanas, y a veces años, en excavar un fósil. Como herramientas emplean productos químicos, piquetas e incluso tornos de dentista.

Los paleontólogos desprenden con cuidado la roca en torno al fósil. El polvo se quita con brochas y pinceles.

Hay que envolver el fósil en papel y luego cubrirlo con yeso, que se endurece al secarse y lo protege.

La reconstrucción

Si se encuentran bastantes huesos fósiles de un dinosaurio, los paleontólogos intentan reconstruir el esqueleto para ver qué aspecto tenía el animal. Si no encuentran todos los huesos, casi siempre pueden adivinar cómo eran las piezas que faltan y hacer réplicas de ellas.

Puntos de vista

Unir los huesos de un dinosaurio es como hacer un rompecabezas. Incluso cuando hay muchos huesos, no siempre está claro cómo hay que montar el esqueleto. A veces los científicos cambian de opinión sobre el aspecto de un dinosaurio y entonces hay que modificar o reconstruir los esqueletos de los museos.

Los científicos han encontrado bastantes huesos para reconstruir este esqueleto de Lufengosaurus.

Clases de dinosaurios

Los dinosaurios tenían diversas formas y tamaños, comían cosas diferentes y vivían de manera muy distinta unos de otros, pero a pesar de todo, tenían muchos rasgos en común. Los expertos dividen a los dinosaurios en grupos, según los rasgos que compartían. De esta forma se ve cómo distintos dinosaurios se relacionan entre sí.

Especies y géneros

Los científicos clasifican a todos los dinosaurios que tenían los mismos rasgos dentro de la misma especie, por ejemplo: Triceratops horridus o Tyrannosaurus rex. Las especies similares forman un grupo mayor, llamado género.

¿Cuántas especies?

De momento se han descubierto 900 especies de dinosaurios y unos 400 géneros. Algunos expertos creen que tal vez existieran miles de géneros de dinosaurios. Sólo conocemos unos cuantos porque muy pocos dinosaurios se fosilizaron.

Este Albertosaurus pertenece al grupo de los tiranosaurios.

¿Cómo se llaman?

Cuando se descubre una nueva especie de dinosaurio, los científicos le dan un nombre, casi siempre en griego o en latín. Algunos de los nombres son descriptivos, por ejemplo, Triceratops significa "cara con tres cuernos". Otros nombres derivan de personas o lugares, por ejemplo, el Masiakasaurus knopfleri lleva el apellido del músico de rock Mark Knopfler.

Aves y lagartos

Los dinosaurios se dividen en dos grandes grupos según la forma de sus caderas. Los que tienen caderas de lagarto se llaman saurisquios, y los que tienen caderas de ave son los ornitisquios. Las caderas de las aves modernas se parecen a las de los dinosaurios con cadera de ave, pero lo curioso es que en realidad descienden de los dinosaurios con cadera de lagarto. Muchos paleontólogos consideran que las aves son dinosaurios vivientes y las llaman "dinosaurios avianos".

Los cuernos que tiene el Triceratops sobre los ojos miden un metro más o menos.

Aquí se ve el hueso de la cadera de un dinosaurio ornitisquio.

Éste es el hueso de la cadera de un dinosaurio saurisquio.

★

Link de Internet

Ocho galerías de imágenes forman una colección fascinante de dinosaurios y puedes ampliarlas para no perder detalle.

Para acceder a la página reseñada y a otros muchos sitios web visita: **www.usborne-quicklinks.com/es**

Grandes y pequeños

Casi siempre pensamos que los dinosaurios eran gigantescos. Es cierto que algunos fueron los animales más grandes del planeta, pero también existieron especies del tamaño de un perro pequeño.

¡Qué largos!

El hueso de dinosaurio más grande hallado hasta la fecha es de un Amphicoelias fragillimus. Los paleontólogos no disponen del resto del esqueleto pero a partir de este hueso calculan que el dinosaurio podría haber medido 60 metros de largo.

Aquí se ve lo grandes que eran algunos dinosaurios comparados con el dinosaurio más pequeño y con el hombre.

Brachiosaurus

Supersaurus

Compsognathus

Hombre

Dato: Un Brachiosaurus pesaba lo mismo que 12 elefantes.

Gigantes del pasado

El Brachiosaurus era uno de los dinosaurios más altos y pesados. Medía unos 12 metros de altura y pesaba unas 89 toneladas.

El cuerpo de este Diplodocus mide 27 metros. Tardarías 15 segundos en recorrerlo de un extremo al otro a paso ligero.

Aunque el Brachiosaurus era muy pesado, no llegaba a pesar tanto como una ballena azul actual.

Cada vez más grandes

No se sabe por qué algunos dinosaurios llegaron a ser tan grandes comparados con los animales terrestres modernos. Muchos científicos piensan que, a diferencia de la mayoría de animales, algunos dinosaurios nunca dejaban de crecer.

 Link de Internet

No te pierdas esta página si quieres conocer a fondo la anatomía de los dinosaurios. Puedes seleccionar la parte del cuerpo que más te interese.

Para acceder a la página reseñada y a otros muchos sitios web visita: **www.usborne-quicklinks.com/es**

Dinosaurios pequeños

Se han encontrado poquísimos fósiles de dinosaurios pequeños, así que no se sabe cuántas especies existían. El Compsognathus era uno de los más pequeños. Medía unos 60 centímetros, y era un cazador muy rápido. Pero el fosil de dinosaurio más pequeño que se ha encontrado es el de un diminuto dromeosaurio llamado Microraptor. Medía unos 48 centímetros de longitud y vivía en China.

Aunque el Compsognathus era uno de los dinosaurios más pequeños, corría mucho más deprisa que otros más grandes, como el Brachiosaurus.

Huesos de dinosaurio

Es increíble todo lo que se puede aprender sobre un dinosaurio a partir de sus huesos. Además de indicar la forma y el tamaño del animal, aportan información sobre sus costumbres y sobre las enfermedades y heridas que padeció en vida.

Carga ligera

Los terópodos y algunos de los saurópodos más grandes no pesaban mucho a pesar de su tamaño porque tenían bolsas de aire en el esqueleto, es decir, sus huesos estaban huecos. Los dinosaurios ligeros eran mucho más veloces que los pesados.

Esqueleto de un Gasosaurus carnívoro.

Aquí se ve que los huesos del Dryosaurus estaban huecos. Como no era muy pesado, podía correr deprisa.

Enfermedades

El fósil de un Tyrannosaurus rex reveló que el animal había tenido gota, una enfermedad muy dolorosa que inflama las articulaciones y se produce por comer demasiada carne roja. Parece ser que muchos dinosaurios padecían enfermedades de los huesos, como gota y artritis.

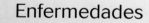
Dato: Los paleontólogos estudian las sustancias químicas en los huesos de los dinosaurios para calcular la temperatura de su sangre.

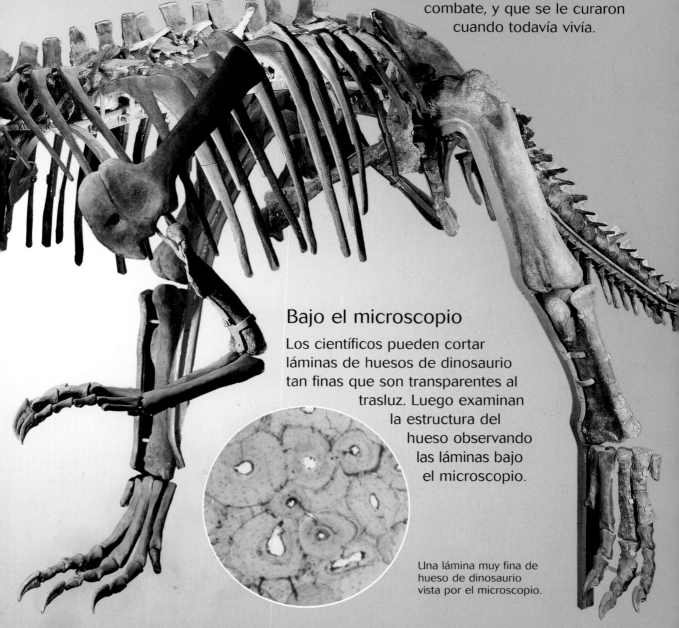

Huesos rotos

El esqueleto de Tyrannosaurus rex mejor preservado y de mayor tamaño pertenece a un dinosaurio apodado "Sue" en honor de Sue Hendrickson, la persona que lo descubrió. Los expertos que han estudiado los huesos de "Sue" han averiguado muchas cosas sobre su vida. Por ejemplo, que se había roto las dos patas traseras, tal vez durante un combate, y que se le curaron cuando todavía vivía.

Bajo el microscopio

Los científicos pueden cortar láminas de huesos de dinosaurio tan finas que son transparentes al trasluz. Luego examinan la estructura del hueso observando las láminas bajo el microscopio.

Una lámina muy fina de hueso de dinosaurio vista por el microscopio.

La comida

Los dinosaurios nos han dejado muchas pistas sobre los alimentos que comían. La mayoría eran carnívoros (comían sólo carne) o herbívoros (comían sólo plantas), pero también los había omnívoros, que comían tanto carne como plantas.

Comida fósil

En algunas ocasiones se ha encontrado dentro del estómago de un dinosaurio su última comida fosilizada. También se han descubierto excrementos fósiles, con restos de comida en ellos. Estos raros hallazgos nos dicen qué comían los dinosaurios.

Dientes

Los dientes de los dinosarios estaban adaptados a diversas clases de alimento. Según la forma y el tamaño de los dientes de un dinosaurio, se puede averiguar qué solía comer.

Un diente de Allosaurus

Un diente de Brachiosaurus

Un diente de Stegosaurus

Púas mortales

El Allosaurus tenía los dientes muy afilados para partir y desgarrar la carne de sus presas. El Tyrannosaurus rex, otro carnívoro, tenía unos dientes enormes y fuertes para perforar y triturar huesos.

Algunos dinosaurios carnívoros, como estos Deinonychus, usaban las garras, además de los dientes, para arrancar la carne de las presas.

Dato: A los dinosaurios se les caían los dientes viejos y gastados y les salían otros nuevos. A veces se tragaban los dientes viejos sin querer.

La pesca

Los espinosaurios tenían dientes puntiagudos, seguramente para pescar con ellos, aunque lo más probable es que no comieran sólo pescado. En el estómago de un espinosaurio Baryonyx se han encontrado, además de escamas de pescado, los huesos fósiles de una cría de Iguanodon.

El Baryonyx tenía los dientes muy afilados. Puede que atrapara peces así.

 Link de Internet

Un sitio web que incluye ilustraciones de dinosaurios carnívoros y herbívoros.

Para acceder a la página reseñada y a otros muchos sitios web visita: **www.usborne-quicklinks.com/es**

Lápices y cucharas

Los dientes de los dinosaurios herbívoros no necesitaban ser muy afilados. Los Diplodocus tenían los dientes en forma de lápiz para tirar de las plantas y cortarlas. Los dientes del Brachiosaurus tenían forma de cuchara, para arrancar las hojas de los arbustos a mordiscos.

A pesar de su apariencia feroz, el Styracosaurus sólo come plantas. Tritura la comida con su boca en forma de pico afilado.

¡Sin dientes!

No todos los dinosaurios tenían dientes. Los oviraptorosaurios, como el Oviraptor, tenían picos sin dientes, parecidos al pico de un loro. No se sabe muy bien de qué se alimentaban, pero se han encontrado cabezas de pequeños troodóntidos en el nido de un Oviraptor, de modo que es posible que comieran carne.

Herbívoros hambrientos

Las plantas son más difíciles de procesar y digerir que la carne. Muchos animales herbívoros descomponen las plantas al masticar, pero no todos los dinosaurios herbívoros tenían los dientes apropiados para hacer lo mismo y resolvieron este problema desarrollando otros métodos de digerir el alimento.

Piedras en el estómago

Algunos dinosaurios tragaban piedras para ayudarse a digerir la comida. Estas piedras se llaman gastrolitos y se frotaban unas contra otras en la molleja, un área musculosa cerca del estómago del dinosaurio. Así ayudaban a triturar la comida.

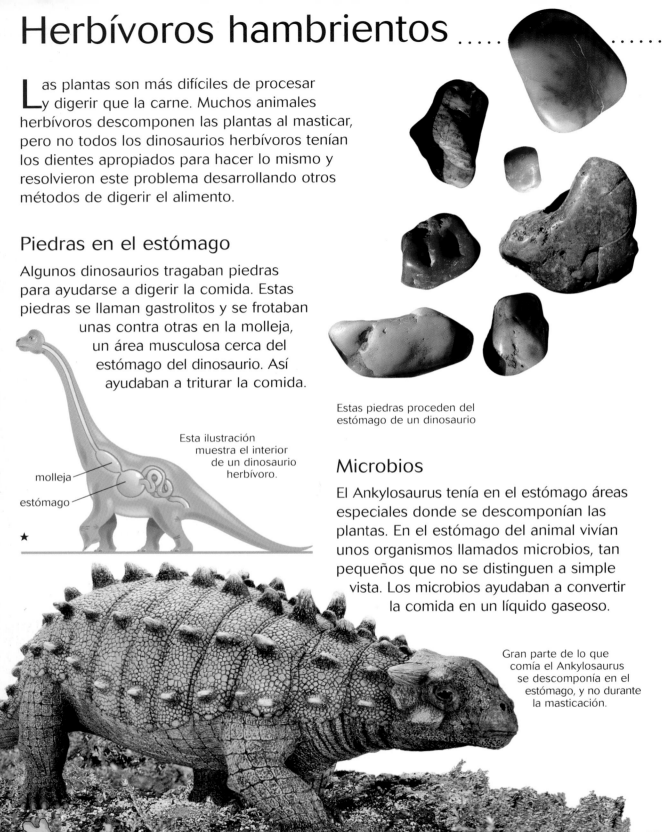

Estas piedras proceden del estómago de un dinosaurio

Esta ilustración muestra el interior de un dinosaurio herbívoro.

molleja

estómago

★

Microbios

El Ankylosaurus tenía en el estómago áreas especiales donde se descomponían las plantas. En el estómago del animal vivían unos organismos llamados microbios, tan pequeños que no se distinguen a simple vista. Los microbios ayudaban a convertir la comida en un líquido gaseoso.

Gran parte de lo que comía el Ankylosaurus se descomponía en el estómago, y no durante la masticación.

Trituración

Los hadrosaurios tenían dos o tres filas de dientes al fondo de la mandíbula, pero ninguno en la parte delantera. Frotaban los dientes en distintas direcciones para triturar la comida. Los hadrosaurios podían tener hasta 2.000 dientes.

★

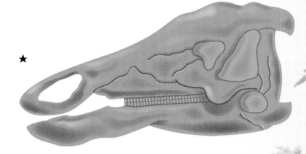

Este dibujo del cráneo de un hadrosaurio muestra los dientes trituradores al final de la mandíbula.

¡Qué hambre!

Todo alimento contiene unas sustancias llamadas proteínas, que ayudan a los animales a crecer y estar sanos. La mayoría de los vegetales tienen menos proteínas que la carne. Esto significa que los dinosaurios herbívoros tenían que comer más que los carnívoros del mismo tamaño.

Este Apatosaurus es tan alto que alcanza las jugosas hojas de las copas de los árboles. Se las traga enteras porque sus dientes no tienen la forma apropiada para poder triturarlas.

Dato: El único ejemplar descubierto de Seismosaurus, un saurópodo gigante, parece que se ahogó con una piedra que quería tragarse para usarla como gastrolito.

Carnívoros asesinos

Los únicos dinosaurios carnívoros pertenecen al grupo de los terópodos y constituían una tercera parte de todos los dinosaurios. Los animales que cazan otros animales para alimentarse se llaman depredadores y sus presas son los animales que capturan.

Al ataque

El tamaño de los terápodos grandes, unido a sus dientes mortíferos, fuertes mandíbulas y afiladas garras, los hacía capaces de vencer a cualquier animal. Los terápodos pequeños dependían más de su agilidad y de sus garras, afiladas como agujas, para cazar.

Este Velociraptor está cazando. Corre muy deprisa y puede alcanzar a casi todos los demás dinosaurios.

Ahorro de energía

Aunque eran muy buenos cazadores, es probable que los grandes terópodos como el Tyrannosaurus rex comieran carroña, es decir, carne de animales ya muertos. Así se ahorraban el esfuerzo de perseguir a su presa.

Dato: El Tyrannosaurus rex podía comer hasta 230 kilos de carne y huesos en un solo bocado, el equivalente a dos cerdos grandes.

Entrar a matar

El Allosaurus era otro gran terópodo. Se cree que su método de ataque era dar grandes mordiscos a su presa. Luego la dejaba abandonada, esperando que la pérdida de sangre la debilitara. Cuando la presa estaba demasiado débil para luchar, el Allosaurus entraba a matar.

Deinonychus mortal

Los Deinonychus medían sólo 2 metros de longitud, pero eran magníficos cazadores. Se piensa que cazaban en grupo. Esto les permitía acabar con dinosaurios demasiado grandes para un solo Deinonychus.

Este Deinonychus está buscando una presa. Es probable que coma lo primero que consiga matar.

Un grupo de Deinonychus saltando sobre su presa y clavando las garras para matarla.

Es posible que con las garras curvas y afiladas desgarraran la carne de la presa.

★

En defensa propia

Los dinosaurios tenían que defenderse, no sólo de otros depredadores, sino de los demás dinosaurios que competían por vivir en la misma zona o por la misma pareja. Algunos se defendían con ciertas partes del cuerpo.

Cuando se acabe la pelea, lo más probable es que el Ankylosaurus (a la derecha) tenga menos heridas que el Tyrannosaurus rex (a la izquierda).

Colas terribles

Algunos dinosaurios utilizaban la cola como un arma mortífera. El extremo de la cola del Ankylosaurus pesaba mucho y tenía forma de porra, por lo que un coletazo podía resultar mortal, incluso para un Tyrannosaurus rex. Los enormes pinchos, de un metro de longitud, que tenía el Stegosaurus al final de la cola lo convertían en un ser muy peligroso.

Esta cola fósil de un anquilosaurio Euplocephalus mide 60 centímetros. de anchura. Era tan pesada que podía romper huesos hasta hacerlos añicos.

Cuernos y collares

Muchos dinosaurios poseían unos cuernos imponentes. Algunos, como los Triceratops, también tenían unos huesos protectores en forma de collar alrededor del cuello. Los cuernos y collares les daban un aspecto muy agresivo y puede que les sirvieran para asustar a sus enemigos y evitar peleas.

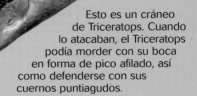

Esto es un cráneo de Triceratops. Cuando lo atacaban, el Triceratops podía morder con su boca en forma de pico afilado, así como defenderse con sus cuernos puntiagudos.

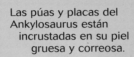

Las púas y placas del Ankylosaurus están incrustadas en su piel gruesa y correosa.

Cabezas duras

La parte superior del cráneo del Pachycephalosaurus tenía 25 centímetros de grosor. Algunos científicos piensan que le servía para dar cabezazos al cráneo de sus enemigos. Otros creen que las embestidas iban dirigidas al cuerpo y no a la cabeza porque el hueso, a pesar del grosor, no habría resistido el impacto con otro cráneo.

Placas duras

Algunos dinosaurios tenían el cuerpo cubierto de unas placas óseas muy duras que los protegían de las mordeduras y las garras enemigas. Los anquilosaurios tenían púas además de placas e incluso párpados de hueso.

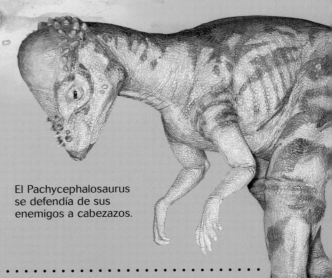

El Pachycephalosaurus se defendía de sus enemigos a cabezazos.

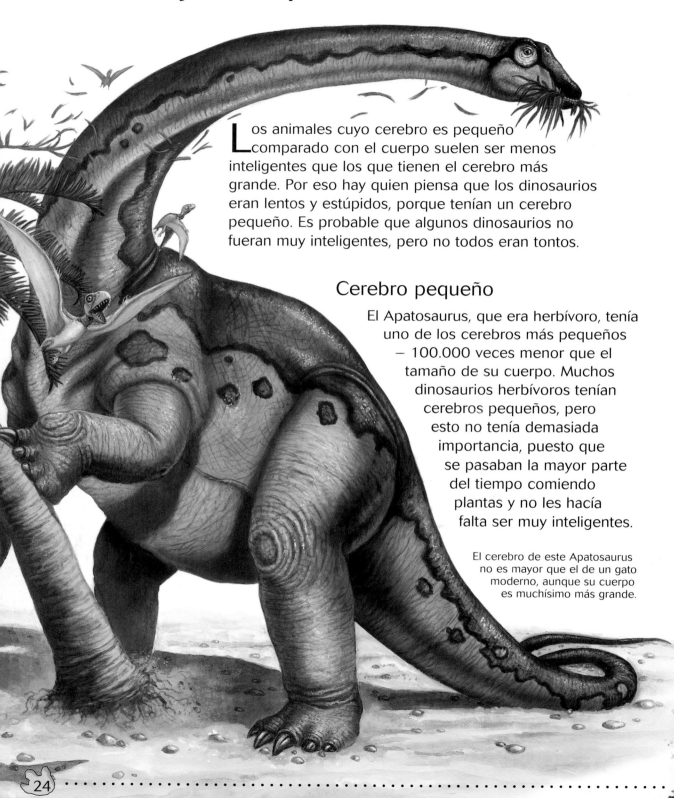

¿Lentos y estúpidos? ....

Los animales cuyo cerebro es pequeño comparado con el cuerpo suelen ser menos inteligentes que los que tienen el cerebro más grande. Por eso hay quien piensa que los dinosaurios eran lentos y estúpidos, porque tenían un cerebro pequeño. Es probable que algunos dinosaurios no fueran muy inteligentes, pero no todos eran tontos.

Cerebro pequeño

El Apatosaurus, que era herbívoro, tenía uno de los cerebros más pequeños — 100.000 veces menor que el tamaño de su cuerpo. Muchos dinosaurios herbívoros tenían cerebros pequeños, pero esto no tenía demasiada importancia, puesto que se pasaban la mayor parte del tiempo comiendo plantas y no les hacía falta ser muy inteligentes.

El cerebro de este Apatosaurus no es mayor que el de un gato moderno, aunque su cuerpo es muchísimo más grande.

Cerebros más grandes

Los hadrosaurios tenían el cerebro más grande que otros dinosaurios herbívoros, y eran probablemente mucho más inteligentes. También tenían una vida más compleja. Vivían en grandes grupos o manadas y se cree que se comunicaban entre sí emitiendo sonidos.

Aquí se ve el tamaño del cerebro de un hadrosaurio en relación a su cabeza.

¿Dos cerebros?

A los saurópodos y a los estegosaurios se les atribuyó hace tiempo un segundo cerebro en la columna vertebral. Es más probable que se tratara de un órgano destinado a almacenar energía para mover las patas traseras y la cola.

Cerebro

Segundo "cerebro"

En este dibujo, la zona sombreada cerca de la cola del Stegosaurus era probablemente un almacén de energía.

Dinosaurios inteligentes

Los dinosaurios carnívoros eran los de mayor cerebro y por tanto los más inteligentes. Necesitaban un cerebro grande y unos sentidos desarrollados para rastrear y cazar a sus presas. El pequeño Troodon era probablemente el dinosaurio más inteligente.

Este Deinonychus es un carnívoro muy inteligente, comparado con la mayoría de los dinosaurios.

Los sentidos

Los dinosaurios necesitaban unos sentidos muy agudos para cazar y para poder huir de otros depredadores.

El Troodon tenía una vista excelente que le ayudaba a encontrar presas.

Visión doble

Casi todos los dinosaurios tenían los ojos a los lados de la cabeza. Esto les daba dos visiones del entorno. Podían ver en casi todas direcciones, pero no calculaban las distancias tan bien como nosotros.

La zona sombreada muestra el campo de visión de un dinosaurio sin mover la cabeza.

Una imagen

El Troodon tenía los ojos en la parte frontal de la cabeza. Cada ojo le ofrecía una visión del entorno algo diferente pero, con los dos ojos abiertos, estas imágenes se combinaban en una sola. Esto se llama visión estereoscópica. Por lo general, los animales con este tipo de visión calculan bastante bien la profundidad y las distancias.

El Troodon no podía ver lo que había a su espalda si no giraba la cabeza.

Detección de objetos

Cuando nosotros miramos la hierba, vemos que es verde. Las aves y reptiles ven en color, como los seres humanos, pero muchos otros animales sólo ven en blanco y negro. No se sabe cómo veían los dinosaurios, pero si su visión era como la de las aves, serían capaces de detectar objetos mucho mejor que los animales que sólo ven en blanco y negro.

El cerebro de un Tyrannosaurus rex medía unos 30 centímetros de longitud. La parte dedicada al olfato era del tamaño de un pomelo.

Link de Internet

¿Quieres saber cómo atacaban y se defendían los dinosaurios? Visita este sitio web y también encontrarás información interesante sobre sus costumbres.

Para acceder a la página reseñada y a otros muchos sitios web visita: **www.usborne-quicklinks.com/es**

El olfato

El Tyrannosaurus rex tenía un gran sentido del olfato. Los expertos, utilizando un equipo especial, han logrado examinar el interior de una cabeza fósil de Tyrannosaurus rex. Descubrieron que la parte de su cerebro dedicada al olfato era muy grande. El buen olfato les ayudaba a encontrar presas.

El oído

Los dinosaurios tenían un oído a cada lado de la cabeza. Tras estudiar las cubiertas fosilizadas que protegían el cerebro de los dinosaurios, los expertos creen que estos animales se guiaban más por el resto de los sentidos que por el oído.

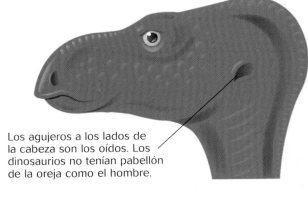

Los agujeros a los lados de la cabeza son los oídos. Los dinosaurios no tenían pabellón de la oreja como el hombre.

La vida en común

Algunos dinosaurios herbívoros vivían en grandes grupos o manadas. Así se protegían unos a otros.

Esta manada de saurópodos se comía o aplastaba todas las plantas que encontraba en su camino.

En marcha

Las manadas de dinosaurios seguramente cubrían grandes distancias buscando alimento. Todos los años se trasladaban a zonas de clima más cálido. Esto se llama migración. Muchos animales actuales, como los búfalos y algunas aves, son también migratorios.

 Link de Internet

Elige un nombre: Diplodocus, Deinonychus, Tyrannosaurus... para ver una imagen realista de ese dinosaurio y una descripción sin complicaciones.

Para acceder a la página reseñada y a otros muchos sitios web visita: **www.usborne-quicklinks.com/es**

¡Qué destrozo!

Los grupos de dinosaurios removían la tierra a su paso. Esto se llama dinoturbación. También aplastaban muchos árboles y plantas. Curiosamente, esto pudo ayudar a que muchas plantas se extendieran. Cuando las aplastan, las plantas con flores suelen crecer más deprisa que las plantas sin flores. De este modo se extendían rápidamente, cubriendo zonas donde antes crecían plantas sin flores.

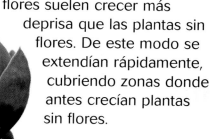

Las magnolias, como ésta, aparecieron por primera vez al final de la era mesozoica.

 Dato: Las huellas que dejaron las manadas de saurópodos muestran que los animales más grandes iban a la cabeza del grupo.

La comunicación

Es probable que los dinosaurios que vivían en grupos se comunicaran de algún modo para llamarse la atención unos a otros. Por ejemplo, es posible que los Diplodocus se comunicaran moviendo rápidamente la cola como si fuera un látigo para producir chasquidos retumbantes.

★
Un Diplodocus podía mover la cola para hacer ruido y advertir a su manada de algún peligro.

Caza en grupo

Durante algún tiempo los restos fósiles indicaban que algunos dinosaurios carnívoros pequeños, como el Deinonychus, vivían y cazaban en manada. Pero recientemente se han descubierto esqueletos de enormes Tyrannosaurus rex junto con sus crías. Tal vez ellos también vivían y cazaban juntos.

Una familia de Deinonychus

Huevos extraordinarios

Los expertos creen que todas las crías de dinosaurio crecían en huevos, como las aves. Se han llegado a encontrar hasta 30 huevos en un mismo nido, pero podrían haber sido puestos por más de una hembra.

Un huevo de hadrosaurio

Incubación

Las aves incuban sus huevos colocándose encima de ellos para mantenerlos en calor. Es posible que la mayoría de los dinosaurios enterraran los huevos para incubarlos, tal vez para no romperlos al ponerse encima de ellos.

Un dinosaurio cubriendo los huevos con plantas y arena.

Las plantas producían calor al descomponerse, ayudando así a incubar los huevos.

Los nidos

Casi todos los dinosaurios protegían sus huevos en nidos. Para hacer el nido cavaban un agujero en el suelo o construían un reborde de barro para que los huevos no se dispersaran. Se han encontrado huevos de dinosaurio dispuestos en círculo y en líneas rectas.

Un nido de Troodon con reborde de barro para impedir que los huevos salgan rodando.

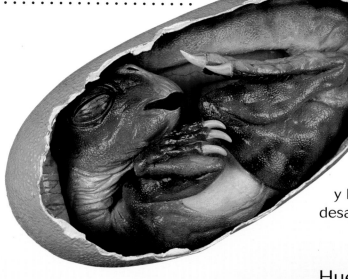

¿De quién es?

Se han encontrado huevos fósiles de dinosaurio con las crías fosilizadas dentro. Gracias a esto los paleontólogos han podido identificar a qué dinosaurios pertenecían los huevos y han averiguado más cosas sobre el desarrollo de las crías.

Esta cría de dinosaurio no está lista todavía para salir del huevo. De momento se alimenta con la yema.

Link de Internet

Página web que muestra, paso a paso, la construcción de un nido de dinosaurio.

Para acceder a la página reseñada y a otros muchos sitios web visita:
www.usborne-quicklinks.com/es

Huevos gigantes

El mayor huevo de dinosaurio que se ha encontrado mide unos 45 centímetros de largo. Sus padres podían haber sido cien veces más grandes. Se cree que si los huevos de dinosaurio midieran más de 50 centímetros, los cascarones serían demasiado gruesos para que las crías pudieran romperlos.

Este huevo de Therizinosaurus es uno de los más grandes que se han encontrado. Aquí se ve su tamaño comparado con el de un huevo de gallina.

Un lugar seguro

En el interior del huevo la cría recibía todo el alimento que necesitaba de la yema. La cáscara tenía unos agujeros diminutos, los poros, por los que entraba el aire fresco y salían los gases perjudiciales. Así, la cría de dinosaurio podía respirar.

Un huevo de Therizinosaurus   Un huevo de gallina

Dato: Los huevos de dinosaurios contenían una sustancia llamada calcio que fortalecía los huesos de las crías y las ayudaba a crecer.

Crías de dinosaurio

Cuando la cría de dinosaurio ya era capaz de sobrevivir en el exterior, tenía que romper el cascarón y salir del huevo.

¡Fuera!

Aquí se ve cómo la cría comenzaría a salir de su huevo.

Después de romper el cascarón, la cría podría por fin salir.

★

Las crías de dinosaurio tenían un diente especial que usaban para romper el huevo. Daban golpecitos con el diente en el cascarón hasta que se hacía un agujero. Seguían golpeando todo alrededor hasta que se agrietaba y ya sólo tenían que empujar para poder salir.

Solas

Las crías de algunos dinosaurios eran independientes, es decir, capaces de valerse por sí solas nada más nacer. Abandonaban el nido muy pronto para buscar comida y para no caer presa de los depredadores. Sabían qué comida necesitaban y podían encontrarla, todo ello sin que se lo enseñaran sus padres.

El crecimiento

No se sabe con exactitud cómo crecían los dinosaurios, pero se pueden hacer comparaciones con el crecimiento de los reptiles actuales. Es probable que los grandes dinosaurios tardaran de 10 a 20 años en convertirse en adultos.

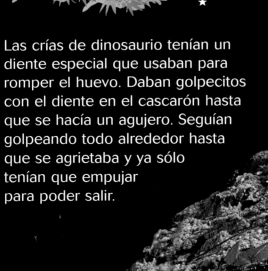

Un grupo de Orodromeus recién nacidos empieza a explorar el mundo.

Buenas madres

No todos los dinosaurios recién nacidos eran independientes. Algunos expertos calculan que las crías de Maiasaura sólo medían unos 30 centímetros al nacer y eran demasiado débiles para valerse por sí solas durante las primeras semanas de vida. Sus madres las protegían y llevaban comida al nido para que se alimentaran hasta que una vez crecidas y fuertes, podían abandonarlo.

Una madre Maiasaura cuidando de sus crías recién nacidas. Maiasaura significa "reptil buena madre".

Link de Internet

Página web con respuestas a muchas cuestiones sobre los dinosaurios. También podrás ver cómo los científicos descubrieron que los dinosaurios cuidaban de sus crías.

Para acceder a la página reseñada y a otros muchos sitios web visita: **www.usborne-quicklinks.com/es**

Los robustos estegosaurios ....

Los estegosaurios eran grandes herbívoros con el cerebro muy pequeño. A pesar de ello, lograron sobrevivir más de 60 millones de años.

Inclinados

Puede que los estegosaurios se incorporaran así para alcanzar las hojas tiernas de los árboles.

Como los estegosaurios tenían las patas traseras el doble de largas que las delanteras y el cuello y la cabeza inclinados hacia el suelo, se supone que comerían plantas bajas. También es posible que se incorporaran sobre las patas traseras.

Un Stegosaurus deja de comer para ver si hay algún enemigo cerca.

Púas y placas

Casi todos los estegosaurios tenían en el cuello, el lomo y la cola unas placas triangulares protectoras o unas púas con forma de cono, o bien ambas cosas.

Dato: Un Stegosaurus nunca tenía dos placas de la misma forma o tamaño.

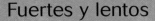

Fuertes y lentos

Los estegosaurios tenían los huesos de las patas muy fuertes, para sostener su peso. Pero los músculos eran débiles, de modo que no podían correr muy deprisa. En lugar de huir de los enemigos, se defendían con las púas de la cola.

Un Stegosaurus furioso blandiendo la cola para espantar a un Allosaurus.

En el Stegosaurus del dibujo se ve cómo descienden hacia el suelo el cuello y la cabeza.

Placas calientes

Las placas del lomo de los estegosaurios tenían unas venas diminutas. Hay teorías diferentes sobre la utilidad de estas placas.

Una placa de estegosaurio por dentro.

Algunos expertos piensan que las placas de los estegosaurios absorbían el calor del sol y mantenían caliente al animal.

De color rosa

También se dice que los estegosaurios podían bombear sangre a las placas para volverlas de color rosa. Tal vez lo hacían para atraer a una pareja o asustar a los enemigos.

Los fuertes saurópodos ...

Algunos de los animales más grandes que jamás han pisado la Tierra pertenecían a un grupo de dinosaurios llamados saurópodos. Eran herbívoros de cerebro pequeño y caminaban a cuatro patas.

¡Qué largos!

Los saurópodos variaban en tamaño, desde los 5 metros del Magyarosaurus, hasta los increíbles 40 metros del Amphicoelias fragillimus. Es posible que todavía se descubran saurópodos más grandes. No se sabe por qué algunos saurópodos crecían tanto y otros no.

Los saurópodos eran enormes y se sobrecalentaban si hacía mucho sol. Estos ejemplares andan en busca de agua para refrescarse.

¿Dinosaurios acuáticos?

Los orificios nasales de los saurópodos estaban situados encima de la cabeza. Esto hizo suponer que tal vez vivían en lagos profundos y que para respirar mantenían parte de la cabeza fuera del agua. De hecho, no es posible que los saurópodos vivieran así, porque el peso del agua habría dañado sus pulmones y habrían perecido. Los investigadores han llegado a la conclusión de que los saurópodos vivían en tierra firme.

Link de Internet

Un sitio web con datos fascinantes acerca de muchas de las especies, donde podrás encontrar más información sobre los saurópodos.

Para acceder a la página reseñada y a otros muchos sitios web visita: **www.usborne-quicklinks.com/es**

Cuellos largos

Los saurópodos tenían el cuello larguísimo y la cabeza pequeña. Con el cuello tan largo podían alcanzar las plantas de una zona bastante amplia sin mover el cuerpo, y así ahorraban energía al comer.

El Sauroposeidon era el saurópodo de cuello más largo. Su cuello medía unos 15 metros, es decir, era ocho veces más grande que el de una jirafa.

★

La jirafa tiene el cuello más largo del reino animal, pero resulta corto comparado con el que tenían los saurópodos.

Un gran corazón

El cerebro necesita una gran cantidad de oxígeno para funcionar bien. Este oxígeno lo obtiene de la sangre, que el corazón bombea por todo el cuerpo. Los saurópodos debían de tener un corazón grande y fuerte para poder bombear suficiente sangre por sus largos cuellos hasta la cabeza y también hasta la punta de la cola.

Los ruidosos hadrosaurios

Los hadrosaurios tenían un pico duro y plano, algo parecido al de los patos, por eso también se les llama dinosaurios pico de pato. Como eran herbívoros y se sabe que vivían en manadas, han sido descritos por un científico como "el ganado del cretáceo". Fueron muy abundantes.

Tubos huecos

Muchos hadrosaurios tenían crestas con forma de cuerno. Algunos de ellos, por ejemplo el Parasaurolophus, tenían la cresta hueca y conectada a unos tubos dentro de la nariz. Se cree que les servía para emitir fuertes bramidos cuando soplaban aire por los tubos.

Esta manada de Parasaurolophus se ha puesto en marcha. Por lo general caminaban sobre las patas traseras, aunque a veces se ponían a cuatro patas para buscar comida.

Ⓕ Link de Internet

Una enciclopedia virtual con una sección dedicada al fabuloso reino de los dinosaurios.

Para acceder a la página reseñada y a otros muchos sitios web visita: **www.usborne-quicklinks.com/es**

Clases de crestas

Las crestas de los hadrosaurios eran de distinta forma y tamaño, según la especie, el género (macho o hembra) o la edad (joven o viejo). Estas diferencias de forma y tamaño les habrían permitido reconocer a otros miembros de la misma especie.

Aquí tienes varias crestas diferentes de hadrosaurio.

Corythosaurus   Saurolophus   Tsintaosaurus

El pico

Los hadrosaurios comían bayas, plantas con flores y plantas de hoja perenne. Eran capaces de cortar las hojas más duras con sus afilados picos.

Sus mandíbulas eran perfectas para masticar. Podían moverlas adelante y atrás y de lado a lado, además de hacia arriba y hacia abajo. Llegaban a tener hasta 2.000 dientes. El hombre tiene 32 como máximo.

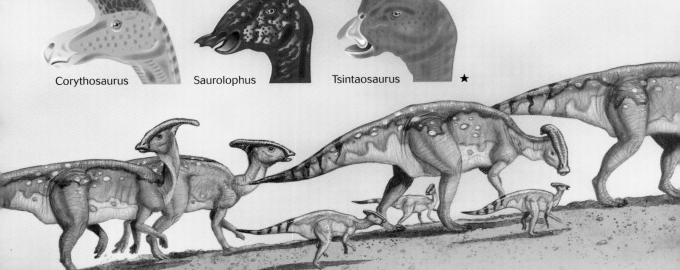

Grandes corredores

Los hadrosaurios podían correr muy deprisa con sus fuertes patas traseras. A la primera señal de peligro, un hadrosaurio bramaba para avisar al resto de la manada y todos escapaban corriendo. Esto era muy importante, puesto que no tenían medios para defenderse de los enemigos.

¡Qué frío!

Los hadrosaurios vivían en muchas partes del planeta. Algunos habitaban en la zona llamada círculo polar Ártico, donde hace mucho frío y durante el invierno siempre es de noche. Aunque en aquella época esta región de la Tierra no estaba tan helada como ahora, los hadrosaurios lograron sobrevivir el tiempo frío y la oscuridad total durante parte del año.

Los terribles tiranosaurios

Los tiranosaurios eran carnívoros enormes y muy feroces que andaban a dos patas. Entre ellos se cuenta uno de los mayores carnívoros terrestres: el Tyrannosaurus rex.

El Tyrannosaurus rex tenía unos brazos pequeños, pero sorprendentemente fuertes.

¿Veloces corredores?

Los tiranosaurios medían de 9 a 15 metros de longitud y pesaban de 3 a 6 toneladas. Siendo tan grandes, es difícil creer que pudieran correr mucho, pero lo cierto es que tenían unas patas largas y fuertes que seguramente les permitían correr bastante deprisa.

Brazos pequeños

Aunque los tiranosaurios tenían las patas traseras largas, los brazos eran bastante cortos. En realidad eran tan cortos que ni siquiera podían tocarse la boca, de modo que no les servían para comer. Todavía no se sabe bien para qué utilizaban los brazos.

Este tiranosaurio busca comida. Suele cazar a los dinosaurios herbívoros que acuden al bosque a alimentarse.

Caídas peligrosas

Los paleontólogos han encontrado el esqueleto de un tiranosaurio Albertosaurus con los huesos rotos pero soldados. Piensan que el animal tropezó y se cayó mientras corría muy deprisa. Al tener los brazos tan pequeños, el Albertosaurus no podría haber frenado la caída con ellos.

Devoradores

El Tyrannosaurus rex tenía unos dientes de 18 centímetros y daba mordiscos terribles. Los expertos han calculado la fuerza de su bocado examinando las marcas que han dejado en los huesos de otros dinosaurios. Se cree que su mordisco era más fuerte que el de cualquier otro animal terrestre.

Este Tyrannosaurus rex tiene alrededor de 50 dientes, tan afilados como navajas.

Link de internet

Pincha en "Tyrannosaurus" para aprender más sobre el Tyrannosaurus rex. El sitio ofrece otras muchas opciones interesantes que vale la pena explorar.

Para acceder a la página reseñada y a otros muchos sitios web visita:
www.usborne-quicklinks.com/es

Enfrentamientos

Los tiranosaurios no sólo mordían a otros animales. Se han descubierto huesos de Tyrannosaurus rex con marcas de dientes de otros tiranosaurios.

Un tiranosaurio murió porque otro tiranosaurio le atravesó el cuello a mordiscos, con tanta fuerza que le arrancó trozos de hueso. Algunos expertos piensan que el animal muerto pudo ser parcialmente devorado por su atacante.

Los tiranosarios luchaban entre sí, compitiendo por vivir y cazar en la misma zona.

★

Los temibles dromeosaurios

Los dromeosaurios, también llamados "raptores", eran feroces carnívoros. Su tamaño era pequeño comparado con el de los tiranosaurios, pero podían matar a sus presas con la misma eficacia.

Máquinas asesinas

Los dromeosaurios tenían unas garras muy afiladas y una uña más en forma de hoz en el segundo dedo. Con ella desgarraban las presas, mientras que con los dientes serrados les arrancaban la carne. El Utahraptor podía dar un corte de un metro y medio con un solo zarpazo. Sus garras medían 20 centímetros.

Este dromeosaurio, un Deinonychus, busca una presa. Su buena vista y su velocidad hacen de él un eficaz cazador.

Link de Internet

Sitio web que incluye un vídeo clip de la lucha mortal entre un Velociraptor y un Protoceratops. El texto es en inglés.

Para acceder a la página reseñada y a otros muchos sitios web visita:
www.usborne-quicklinks.com/es

Garras afiladas

Las garras de los dromeosaurios sólo eran peligrosas si estaban afiladas. La mayoría de los dromeosaurios andaban y corrían con el segundo dedo vuelto hacia arriba y sin apoyarlo en el suelo. Así conservaban el filo en la garra con forma de hoz y evitaban que se les desgastara.

Equilibrio

Los dromeosaurios tenían una cola larga y tiesa, que utilizaban para poder girar deprisa cuando corrían. También les servía para mantener el equilibrio cuando se sostenían sobre una pata, mientras golpeaban y desgarraban a su presa con la otra.

Es probable que el Deinonychus se abalanzara sobre su presa a la carrera y la derribara. El dibujo muestra el salto antes del ataque.

Lucha a muerte

Se han descubierto esqueletos fósiles de un dromeosaurio Velociraptor y un Protoceratops herbívoro que estaban luchando. Los dos murieron sin que ninguno ganara la pelea, tal vez porque una súbita tormenta de arena los enterró, matándolos casi instantáneamente.

Un Velociraptor y un Protoceratops combatiendo, momentos antes de quedar enterrados por una tormenta de arena.

¿Padres de las aves?

Los dromeosaurios son muy interesantes para los científicos, porque tenían muchos rasgos en común con las aves. Algunos podían incluso haber tenido plumas. Muchos expertos consideran que los dromeosaurios son los antecesores directos de las aves.

El terror de los mares

En tiempos de los dinosaurios terrestres también existían otros animales prehistóricos increíbles en las aguas de los mares. Muchos eran reptiles y, por lo tanto, parientes muy lejanos de los dinosaurios. Unos y otros se extinguieron hace 65 millones de años.

Nadadores natos

Los ictiosaurios nadaban moviendo la cola de un lado a otro, igual que los peces. No ponían huevos como otros muchos reptiles, sino que parían a sus crías en el mar.

Los ictiosaurios eran rápidos nadadores.

Mar y tierra

Hace unos 290 millones de años algunos reptiles terrestres empezaron a pasar cada vez más tiempo en el mar. Poco a poco se desarrollaron nuevas especies adaptadas a este nuevo entorno. Pero como estas criaturas no aprendieron a respirar bajo el agua, tenían que salir a la superficie de vez en cuando.

Cazadores de las profundidades

Los ictiosaurios tenían unos ojos muy grandes para ver bien en la oscuridad. Tal vez bajaban a las profundidades del mar, donde hay muy poca luz, en busca de calamares, amonites y pescado.

Monstruos marinos

Los plesiosaurios eran enormes reptiles marinos que medían de 2,5 hasta 20 metros de longitud. Algunos tenían el cuello muy largo, la cabeza pequeña y unos dientes muy afilados y puntiagudos. Todos tenían cuatro aletas en forma de pala para nadar.

Este plesiosario Cryptoclidus tenía 100 dientes afilados para cazar peces pequeños.

Link de Internet

Un sitio web sobre la historia de nuestro planeta, el inicio de la vida en los océanos y los dinosaurios. Figura un apartado dedicado a los plesiosaurios.

Para acceder a la página reseñada y a otros muchos sitios web visita: **www.usborne-quicklinks.com/es**

Fauces jurásicas

Los pliosaurios eran una clase de plesiosaurio. Tenían el cuello más corto, la cabeza enorme y unos dientes mortales. Los pliosaurios eran temibles depredadores y podían seguir a sus presas guiándose por el olfato.

Un Liopleurodon, de la familia de los pliosaurios, a la caza de una cría de ictiosaurio. También atrapaba y devoraba ejemplares adultos con sus dientes afilados.

Las criaturas marinas dejaban su olor en el agua. Los pliosaurios captaban este olor filtrando el agua a través de la boca y expulsándola por las fosas nasales.

Dato: Las crías de ictiosaurio nacían sacando primero la cola. Si hubieran nacido de cabeza se habrían ahogado antes de alcanzar la superficie para respirar.

 45

Señores de los cielos

Los pterosaurios eran unos reptiles voladores contemporáneos de los dinosaurios. No estaban directamente emparentados con ellos y menos aún con las aves, a pesar de que tenían alas.

Alas para volar

Los pterosaurios volaban batiendo las alas. Esto se llama vuelo impulsado. Los pterosaurios con las alas más grandes tal vez las batían sólo para elevarse. Una vez que estaban en el aire podían planear para ahorrar energía.

Grandes y ligeros

Aunque algunos pterosaurios no eran más grandes que un pato, otros eran tan enormes que parece increíble que pudieran volar. Pero lo cierto es que eran muy ligeros para su tamaño. Tenían el cuerpo muy pequeño comparado con las alas, y sus huesos eran finos y huecos.

Las alas de los pterosaurios, como este Pteranodon, eran de piel dura como el cuero.

Gigantes por los cielos

Uno de los pterosaurios más grandes era el Quetzalcoatlus. Tenía el tamaño de una avioneta y alas de 10 metros de envergadura. En España se ha hallado el fósil de un pterosaurio aún mayor, con alas de 11 metros de envergadura.

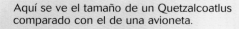

Aquí se ve el tamaño de un Quetzalcoatlus comparado con el de una avioneta.

Las alas de los pterosaurios estaban unidas a las patas y al cuerpo.

El Rhamphorhynchus tenía una cola muy larga. Tal vez le servía para mantener la estabilidad mientras volaba.

La caza

Algunos pterosaurios, por ejemplo el Anurognathus, tenían una cola corta que les servía para girar en el aire. Es posible que cazaran insectos de vuelo rápido.

La pesca

Muchos pterosaurios vivían junto al mar y se alimentaban de peces, gambas y otros seres marinos. Se lanzaban al agua en picado y sacaban la presa en el pico.

(F) **Link de Internet**

Si los pterosaurios se cuentan entre tus dinosaurios favoritos, explora un sitio web dedicado a estos lagartos voladores.

Para acceder a la página reseñada y a otros muchos sitios web visita: **www.usborne-quicklinks.com/es**

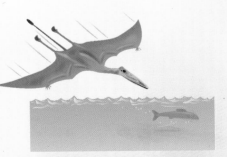

El Rhamphorhynchus veía a su presa desde lejos.

Se lanzaba en picado al agua y la atrapaba con el pico.

Salía del agua con su presa y se la comía sin dejar de volar.

Dato: Algunos pterosaurios tenían el cuerpo cubierto de pelo para mantener el calor.

47

La muerte de los dinosaurios ....

Todos los dinosaurios y muchos otros animales se extinguieron hace 65 millones de años. No se sabe con certeza porqué desaparecieron pero los científicos han propuesto dos teorías para tratar de explicarlo.

Volcanes

Al final de la era mesozoica muchos volcanes entraron en erupción por todo el mundo. Los volcanes arrojaban ríos de lava, un líquido ardiente hecho de roca fundida, que lo destruía todo a su paso. Aunque la lava habría causado la muerte de muchos animales y plantas, no habría bastado para acabar con todos ellos.

Los ríos de lava avanzan despacio y provocan daños mucho después de la erupción del volcán.

Nubes tóxicas

Los volcanes en erupción lanzan al aire polvo y sustancias venenosas que podrían haber matado a las crías de dinosaurio que todavía estaban dentro del huevo. El polvo tal vez ocultó la luz del sol, haciendo que se enfriara la Tierra, y los animales que necesitaban calor habrían muerto.

Cadena de desastres

Las sustancias químicas y la falta de sol habrían acabado con muchas plantas. Unas dos terceras partes de los dinosaurios conocidos eran herbívoros, y al no quedar plantas se habrían muerto de hambre. Cuando los herbívoros murieron, a los carnívoros no les quedó nada que comer, así que también se extinguieron.

Meteoritos

Los meteoritos son trozos de roca o de metal que a veces caen sobre la Tierra procedentes del espacio. Un meteorito gigantesco, que medía 10 kilómetros de diámetro, chocó con la Tierra en la época de la extinción de los dinosaurios. Cerca de México, en el fondo del mar, está el agujero (un cráter), que señala el lugar donde ocurrió el impacto.

 Link de Internet

Aquí encontrarás distintas teorías que explican la extinción de los dinosaurios.

Para acceder a la página reseñada y a otros muchos sitios web visita: **www.usborne-quicklinks.com/es**

La ilustración representa el meteorito en el momento del impacto con la Tierra.

¡Impacto!

Al chocar contra la Tierra el meteorito explotó, creando una nube de polvo y provocando terremotos, incendios y huracanes. Debido al impacto los volcanes entraron en erupción y las nubes de polvo bloquearon el sol. Esto explicaría la muerte de las plantas y luego de los dinosaurios.

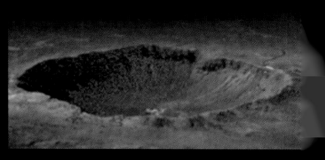

Este agujero es el cráter de Barringer, en los EEUU y mide 1,2 kilómetros de diámetro. El cráter del meteorito que pudo haber matado a los dinosaurios era probablemente 150 veces mayor.

Misteriosos supervivientes

Lo más curioso es que no toda la vida en Tierra se extinguió junto con los dinosaurios. Murieron todos los animales que medían más de 3 metros de longitud. Pero otros animales sobrevivieron, como los insectos, algunas aves, lagartos y criaturas marinas. Sigue siendo un misterio que algunos animales se extinguieran y que otros sobrevivieran.

Dato: El ser humano sólo lleva en la Tierra 2,5 millones de años, pero los dinosaurios vivieron durante 160 millones de años, es decir, 64 veces más que el hombre.

49

El diseño de un dinosaurio

En la película Parque Jurásico se devolvía la vida a los dinosaurios. ¿Es eso posible en la vida real? Algunos científicos creen que serían capaces de recrear a los dinosaurios. Para esto necesitan ADN de dinosaurio.

El diseño de la vida

El ADN es una sustancia química muy compleja que se encuentra en todo ser vivo. Es como un plan o un diseño, porque contiene toda la información sobre lo que una planta o un animal necesita para vivir. Si tenemos la cantidad suficiente de ADN de una planta o animal, podríamos hacer una copia exacta de ese ser. Esta copia se llama "clon", y tiene exactamente el mismo ADN que el original.

Aquí se ven claramente varios insectos prehistóricos y una araña preservados en ámbar.

Creación de un dinosaurio

Se han encontrado trozos de ámbar (resina de árbol fósil) con insectos preservados dentro. Si uno de estos insectos hubiera chupado la sangre de un dinosaurio y esa sangre estuviera también preservada, los científicos podrían encontrar una porción de ADN de dinosaurio. Con este ADN intentarían crear clones de dinosaurios. Esto era lo que sucedía en Parque Jurásico.

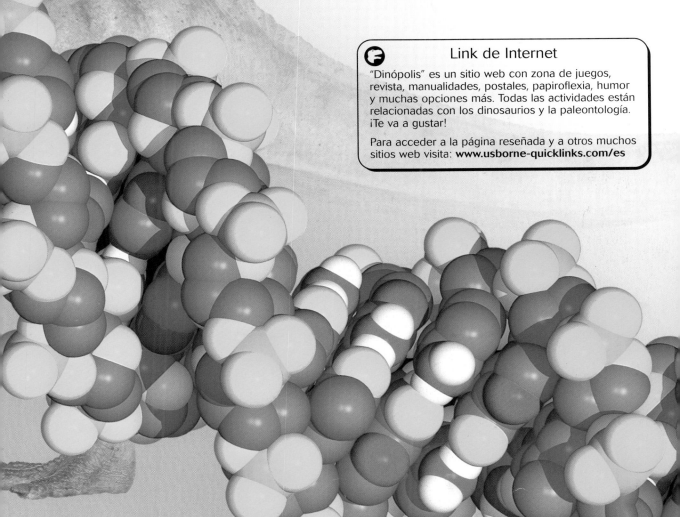

¿Es posible?

Aunque ya se han clonado animales vivos, de momento no es posible clonar un dinosaurio. El ADN no sobrevive para siempre y como los dinosaurios vivieron hace tantos años, es difícil que todavía exista el ADN suficiente. Esto no quiere decir que no puedan ser clonados otros animales prehistóricos más recientes, como los mamuts.

El dibujo representa una sección de ADN. El ADN real es tan diminuto que sólo se puede ver con potentes microscopios de electrones.

¿Dinosaurios vivos?

Es improbable que la Ciencia llegue a clonar dinosaurios, pero hay quien se pregunta si todavía existe alguno vivo hoy en día. En 1938 se halló un tipo de pez prehistórico llamado "coelacanth", aunque hasta entonces se pensaba que se había extinguido al final de la era mesozoica. A pesar de que hay gente que cree haber visto en alguna ocasión animales que parecen dinosaurios, pterosaurios y plesiosaurios, no hay verdaderas pruebas de su existencia.

Link de Internet

"Dinópolis" es un sitio web con zona de juegos, revista, manualidades, postales, papiroflexia, humor y muchas opciones más. Todas las actividades están relacionadas con los dinosaurios y la paleontología. ¡Te va a gustar!

Para acceder a la página reseñada y a otros muchos sitios web visita: **www.usborne-quicklinks.com/es**

Los dinosaurios hoy

Casi todos los paleontólogos creen que las aves descienden de los dinosaurios, porque tienen muchos rasgos en común. De hecho son tan parecidos que hay quien considera que las aves son una clase de dinosaurios.

Primeros pájaros

Uno de los primeros pájaros conocidos es el Archaeopteryx. Tenía plumas como los pájaros modernos, pero tenía también una cola larga y los dientes afilados como un reptil. Es probable que volara, pero no muy bien.

Un Archaeopteryx posado en un árbol, listo para lanzarse a la caza de otros animales

Desde los árboles

No se sabe con certeza cómo empezaron a volar las primeras aves. Es posible que vivieran en los árboles y tuvieran unas alas simples para planear entre las ramas y para frenar la caída cuando perdían el equilibrio. Con el tiempo adquirieron la habilidad de batir las alas para volar.

Desde el suelo

Algunos expertos creen que las aves volaron por primera vez cuando iban corriendo a gran velocidad por el suelo.

Quizá volaran porque batieron las alas para acelerar su carrera, al tiempo que daban saltos para atrapar insectos.

Un pájaro primitivo corre deprisa, batiendo las alas.

Al ver un insecto da un salto para atraparlo.

La brisa le ayuda a elevarse en el aire.

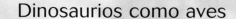

Dinosaurios como aves

Descubrimientos recientes muestran que el Archaeopteryx era muy parecido a algunos pequeños dinosaurios carnívoros. El Caudipteryx y el Sinosauropteryx tenían incluso plumas. Éste y otros rasgos en común sugieren que estos dinosaurios podrían ser antecesores directos de las aves.

El Caudipteryx es un carnívoro con plumas muy veloz.

Link de Internet

Aquí, si pinchas en "Las aves" encontrarás datos sobre el Argentavis magnificens, el ave más grande que ha habitado el planeta.

Para acceder a la página reseñada y a otros muchos sitios web visita: **www.usborne-quicklinks.com/es**

Dato: Las plumas ayudarían a los dinosaurios a mantener el calor.

Últimos descubrimientos ....

Continuamente se encuentran fósiles de dinosaurio en todo el mundo. Lo más emocionante es cuando los científicos descubren un dinosaurio desconocido.

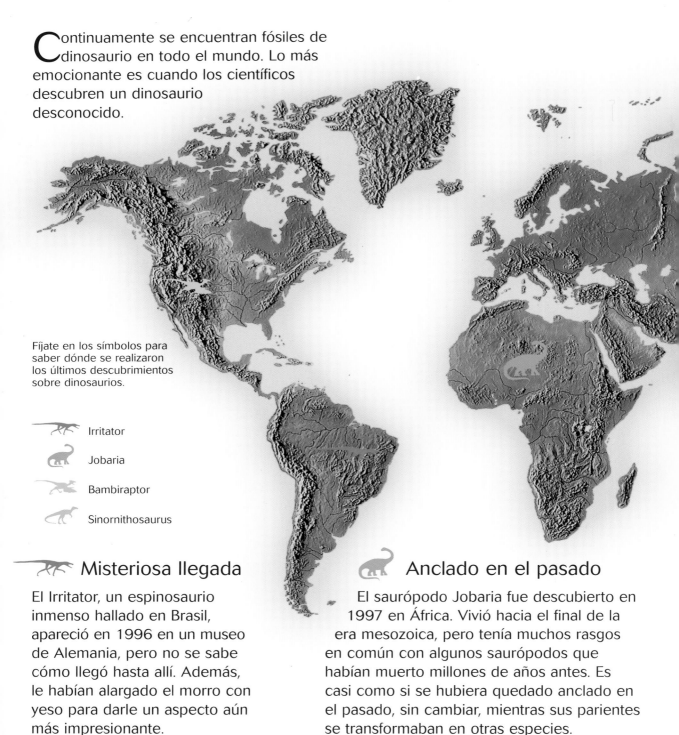

Fíjate en los símbolos para saber dónde se realizaron los últimos descubrimientos sobre dinosaurios.

Irritator

Jobaria

Bambiraptor

Sinornithosaurus

Misteriosa llegada

El Irritator, un espinosaurio inmenso hallado en Brasil, apareció en 1996 en un museo de Alemania, pero no se sabe cómo llegó hasta allí. Además, le habían alargado el morro con yeso para darle un aspecto aún más impresionante.

Anclado en el pasado

El saurópodo Jobaria fue descubierto en 1997 en África. Vivió hacia el final de la era mesozoica, pero tenía muchos rasgos en común con algunos saurópodos que habían muerto millones de años antes. Es casi como si se hubiera quedado anclado en el pasado, sin cambiar, mientras sus parientes se transformaban en otras especies.

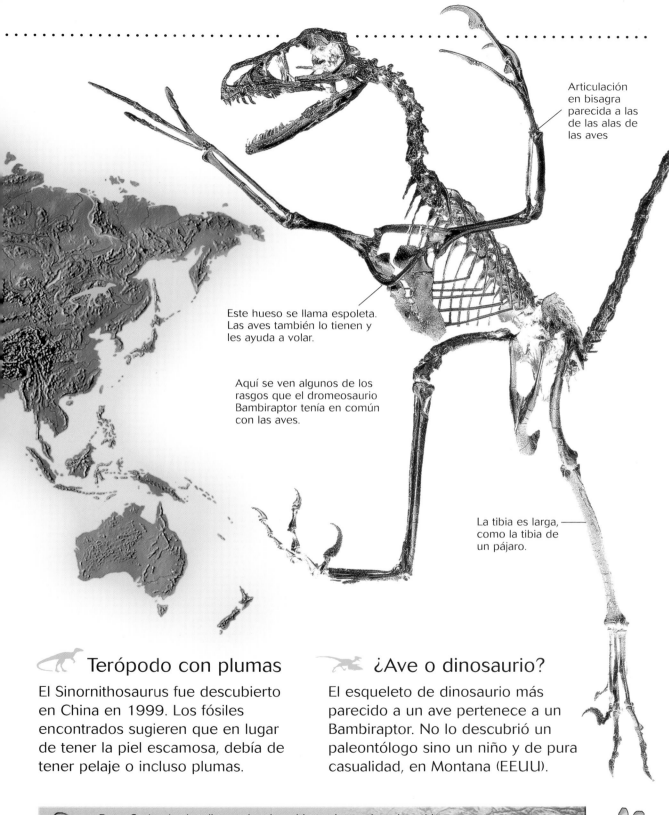

Articulación en bisagra parecida a las de las alas de las aves

Este hueso se llama espoleta. Las aves también lo tienen y les ayuda a volar.

Aquí se ven algunos de los rasgos que el dromeosaurio Bambiraptor tenía en común con las aves.

La tibia es larga, como la tibia de un pájaro.

Terópodo con plumas

El Sinornithosaurus fue descubierto en China en 1999. Los fósiles encontrados sugieren que en lugar de tener la piel escamosa, debía de tener pelaje o incluso plumas.

¿Ave o dinosaurio?

El esqueleto de dinosaurio más parecido a un ave pertenece a un Bambiraptor. No lo descubrió un paleontólogo sino un niño y de pura casualidad, en Montana (EEUU).

Dato: Casi todos los dinosaurios descubiertos hasta ahora han sido encontrados en los últimos 25 años.

Familias de dinosaurios

Este diagrama muestra cómo se relacionan las distintas especies de dinosaurios entre sí y con las aves. Si miras, por ejemplo, la parte superior derecha del árbol, verás que Caudipteryx, Ingenia y Oviraptor pertenecían a la misma familia de oviraptorosaurios. Éstos últimos forman parte de un grupo más grande, los maniraptores, que a su vez pertenecen a otro aún mayor, el de los terópodos.

Corythosaurus

Protoceratops

Scelidosaurus

Triceratops

Styracosaurus

Protoceratops

Parasaurolophus

Corythosaurus

Maiasaura

HADROSAURIOS

Iguanodon

ANQUILOSAURIOS

Pachycephalosaurus

Hypsilophodon

ESTEGOSAURIOS

Scelidosaurus

CERATOPSIANOS

ORNITÓPODOS

TIREÓFOROS

ORNITISQUIOS

Caudipteryx

Ingenia

Oviraptor

Ingenia

OVIRAPTOROSAURIOS

TROODÓNTIDOS

Velociraptor

DROMEOSAURIOS

Deinonychus

AVES

MANIRAPTORES

Archaeopteryx

Seismosaurus

Diplodocus

AVES MODERNAS

ORNITOMIMOSAURIOS

Supersaurus

Apatosaurus

TIRANOSAURIOS

Irritator

ALOSAURIOS

Brachiosaurus

Baryonyx

DIPLODÓCIDOS

Jobaria

Spinosaurus

ESPINOSAURIOS

SAURÓPODOS

PROSAURÓPODOS

Coelophysis

Brachiosaurus

SAURISQUIOS

TERÓPODOS

Algunos datos

Aún queda mucho por descubrir sobre los dinosaurios. La información que brindan los fósiles es muy valiosa pero no responde a todo lo que nos gustaría saber. A partir de los espectaculares hallazgos que se van produciendo, los palentólogos elaborarán más teorías y conoceremos mejor a los dinosaurios.

 Aunque muchos expertos piensan que las aves descienden de los dromeosaurios, no todos están de acuerdo. Algunos dicen que los dromeosaurios son en realidad descendientes de las primeras aves. Creen que los dromeosaurios eran aves que no podían volar.

 No se sabe con seguridad para qué servía el collar óseo del Triceratops. Una teoría es que lo utilizaba para defenderse, y otra sugiere que era para protegerse del calor.

 Se han descubierto en Norteamérica las huellas fósiles de un dinosaurio con patas palmeadas, pero no pertenecen a ningún dinosaurio conocido.

 De todos los animales terrestres que han existido, el que tuvo el cráneo más grande fue el Torosaurus, un dinosaurio ceratopsiano. Sabemos que medía 3 metros, es decir, la mitad del largo total de su cuerpo.

 Los dinosaurios de cola larga, como el Diplodocus, podían haberla utilizado para nadar.

 Se calcula que si un animal pesara más de 200 toneladas no podría moverse. Los dinosaurios más grandes probablemente pesaban un poco menos.

Collar óseo

Un Triceratops

Algunos excrementos fósiles de dinosaurio presentan agujeros diminutos. Los hicieron insectos parecidos a los escarabajos que encontraban en ellos su alimento.

 Durante cientos de años se habían hallado fósiles de dinosaurios, pero nadie pudo identificar a qué animal pertenecían hasta el siglo XIX. En 1824 fue reconocido el primer dinosaurio, que recibió el nombre de Megalosaurus.

 Se han encontrado esqueletos de Coelophysis carnívoros con huesos fósiles de crías de la misma especie en la zona del estómago, lo que parece indicar que los adultos devoraban a las crías.

 El Gallimimus era probablemente el dinosaurio más veloz. Se calcula que podía correr a 56 kilómetros por hora.

 Los grandes dinosaurios herbívoros tendían a sobrecalentarse. Es muy probable que pasaran mucho tiempo intentando refrescarse, por ejemplo, bañándose donde hubiera agua.

 El terópodo Pelecanimimus tenía 220 dientes, más que ningún otro terópodo. Esto es sorprendente, porque el Pelecanimimus pertenecía a un grupo de dinosaurios que se caracterizaba por no tener dientes.

Este Troodon habría incubado sus huevos colocándose encima de ellos, como hacen las aves.

 No todos los dinosaurios enterraban los huevos para que se incubaran solos. Sabemos que el Troodon se colocaba sobre ellos, como hacen las aves modernas, para darles calor con su propio cuerpo.

 Las garras del Therizinosaurus batían todos los récords porque eran mucho más largas que las de cualquier otro dinosaurio. Medían más de 70 centímetros de largo.

 Se puede saber si los dinosaurios herbívoros comían plantas cerca del suelo examinando sus dientes. Las plantas bajas estarían cubiertas de polvo o tierra y les habrían dejado marcas y arañazos en la dentadura.

 Link de Internet

¿Te gustaría leer un cuento animado? Se trata de una aventura que podrías guardar, imprimir y colorear.

Para acceder a la página reseñada y a otros muchos sitios web visita: www.usborne-quicklinks.com/es

Glosario

Este glosario explica algunos términos que encontrarás en los libros sobre dinosaurios. Las palabras en *cursiva* tienen sus propias entradas en el glosario.

ADN Ácido desoxirribonucleico. Una compleja sustancia química existente en todos los seres vivos. Cada porción de ADN contiene una enorme cantidad de información sobre ese ser vivo.

animal prehistórico Animal que existió antes del ser humano.

ámbar Resina fósil de árbol. A veces contiene animales pequeños y restos de plantas preservados.

cadena alimentaria Orden en que se alimentan los animales y comida de la que se alimentan. Por ejemplo, las plantas son el alimento de los *herbívoros* y los herbívoros el alimento de los *carnívoros*.

carnívoro Un animal que sólo come carne.

carroñero Animal que se alimenta de la carne de animales muertos en vez de cazar *presas* vivas.

clon Una copia exacta de un animal, creada a partir de su *ADN*.

coprolito *Fósil* de excremento de dinosaurio. Los coprolitos ayudan a conocer la dieta de los dinosaurios.

cresta Una especie de tubo en la parte superior de la cabeza. Algunos hadrosaurios tenían crestas.

depredador Un animal que caza otros animales para alimentarse.

dinosaurio aviano Otra palabra para designar a un ave. Se cree que las aves descienden de los dinosaurios, lo cual significa que en realidad son una clase de dinosaurio.

dinoturbación Las perturbaciones que creaban en el suelo las grandes manadas de dinosaurios cuando se trasladaban de un lugar a otro.

era mesozoica Período que va desde 240 hasta 65 millones de años atrás, cuando vivían los dinosaurios. Se divide en los períodos *triásico, jurásico* y *cretáceo*.

especie Una clase de animal o de planta. Los machos y las hembras de la misma *especie* pueden aparearse y tener crías.

extinción La muerte de todos los miembros de una *especie* de animal.

extinción masiva La muerte de muchas *especies* de animales o plantas al mismo tiempo.

fósil Los restos o las huellas de una planta o un animal que han quedado preservados en roca sedimentaria.

fósil corporal Un *fósil* de alguna parte de un animal o de una planta; un hueso o una hoja, por ejemplo.

fosilizarse Convertirse en *fósil*.

gastrolito Piedra estomacal. Los dinosaurios engullían piedras muy duras, como la cuarcita, que ayudaban a triturar la comida dentro del estómago.

género Un grupo de *especies* de animales o de plantas relacionadas entre sí.

gota Dolorosa enfermedad de las articulaciones que sufrían algunos dinosaurios.

herbívoro Un animal que sólo come plantas.

huella fósil La huella o el perfil fósil de una planta o animal.

incubar Mantener los huevos a la temperatura adecuada para que las crías crezcan y se desarrollen.

lava Roca líquida caliente que arrojan los volcanes al entrar en erupción.

manada Un grupo de animales que viven y se alimentan juntos.

meteorito Una roca que cae a la Tierra desde el espacio.

migrar Trasladarse de un lugar a otro en ciertas épocas del año en busca de calor o comida.

molleja Una parte del cuerpo de los dinosaurios cerca del estómago donde se trituraba la comida.

omnívoro Un animal que come carne y plantas.

ornitisquio Uno de los dos grupos principales de dinosaurios. Los ornitisquios tenías las caderas como las de las aves.

paleontología El estudio de los fósiles.

paleontólogo Persona que estudia los fósiles.

período cretáceo Período comprendido entre 144 y 65 millones de años a.C.

período jurásico Período que comprende entre 208 y 144 millones de años a.C.

período triásico Período de tiempo entre 240 y 200 millones de años a.C. Los primeros dinosaurios son del triásico tardío.

plesiosaurios Un grupo de *reptiles* que vivían en los mares y oceános durante la *era mesozoica*.

presa El animal que cazan otros animales para comérselo.

pterosaurios *Reptiles* voladores que vivían en la *era mesozoica*.

reptil Grupo de animales de piel escamosa e impermeable, como las serpientes y los dinosaurios.

roca sedimentaria Roca formada por sedimentos de arena o de barro.

saurisquios Uno de los dos principales grupos de dinosaurios. Los saurisquios tenían las caderas como las de los lagartos.

saurópodos Un grupo de dinosaurios herbívoros de cuellos y colas largas, como el Apatosaurus.

terópodos Grupo de dinosaurios *saurisquios* carnívoros que andaban sobre dos patas.

Cómo usar Internet ....

Esta página contiene más información acerca de los links de Internet y algunas pistas para navegar por la red de una forma más rápida y segura. En el reverso de la cubierta encontrarás más datos.

Quicklinks Usborne

Para acceder a los sitios web que describimos en este libro, no tienes más que visitar la página **www.usborne-quicklinks.com/es** y seguir unas instrucciones muy sencillas. Los enlaces te llevarán directamente a las páginas web y a las ilustraciones del libro que se pueden descargar gratuitamente. Puedes imprimir las ilustraciones siempre que sean para tu uso personal, por ejemplo para tareas escolares, pero no se deben copiar ni distribuir con fines comerciales.

Ayuda

Si necesitas ayuda en general o algún consejo sobre el uso de Internet visita la página **www.usborne-quicklinks.com/es** y a continuación haz clic en **Guía de Internet**. Para encontrar información adicional sobre tu navegador, haz clic en el botón **Ayuda** del navegador. Una vez abierto el menú, selecciona **Contenido e índice**, donde encontrarás un gran diccionario que enseña a navegar mejor por Internet. Si lo que necesitas es apoyo técnico actualizado para tu navegador, selecciona **Soporte técnico en línea** para visitar el centro de atención técnica que corresponda a tu navegador.

Virus informáticos

Los virus informáticos son programas que pueden causar graves problemas a tu ordenador. Entran al descargar programas de Internet o con un archivo adjunto a un mensaje de correo electrónico. Hay programas anti-virus a la venta y también los puedes descargar de Internet. Aunque sean caros, ahorran el coste que supone arreglar un ordenador infectado. Para más información sobre los virus informáticos visita **www.usborne-quicklinks.com/es** y haz clic en **Guía de Internet**.

La seguridad en Internet

Para evitar errores al teclear que pudieran conducir a páginas equivocadas o de un contenido inapropiado, el acceso a los sitios web que recomendamos en este libro sólo se consigue a través de nuestra página **www.usborne-quicklinks.com/es**

Sigue estas indicaciones al navegar por Internet:

- Pide permiso a tus padres, profesores o al dueño del ordenador antes de conectarte. Si lo consideran necesario, permanecerán contigo mientras navegas.

- Si usas un buscador, lee la descripción antes de hacer clic en una página para asegurarte de que es la que te interesa.

- Si la página web en pantalla no es la que buscabas, pulsa el botón rojo **Detener** en la barra de herramientas web para detener la descarga. Para volver al sitio web anterior, pulsa el botón **Atrás**.

- No debes dar nunca tus datos personales verdaderos, como tu nombre, dirección o teléfono.

- No debes quedar nunca en encontrarte con una persona a la que has conocido a través de Internet.

Links directos a todos los sitios web recomendados a través de nuestra página:

www.usborne-quicklinks.com/es

Índice

Agradecimientos

Se han tomado las medidas oportunas para identificar a los titulares del copyright del material utilizado en esta obra. La editorial pide disculpas en caso de posibles omisiones y se compromete a subsanar cualquier error en futuras ediciones, siempre y cuando se reciba la notificación pertinente. Usborne Publishing agradece a los organismos y personas que a continuación se citan la autorización concedida para reproducir el material gráfico utilizado.
Clave: a (arriba) b (abajo) d (derecha) i (izquierda).

Portada The Natural History Museum, Londres; **p1** © Horizon Originals y Chris Darga previa autorización, todos los derechos reservados, Jim Zuckerman/CORBIS; **p2-3** © Jonathan Blair/CORBIS; **p4-5** © The Natural History Museum, Londres, (fondo) © Digital Vision; **p5** © Chris Mattison; **p6-7** © Robert Holmes/CORBIS; **p7** (b d) © Tom Bean/CORBIS; **p8** © Jonathan Blair/CORBIS; **p9** © The Natural History Museum, Londres; **p10-11** © Paul A. Souders/CORBIS, foto tomada en el Royal Tyrrell Museum of Palaeontology, Alberta, Canadá; **p11** © Horizon Originals y Chris Darga previa autorización, todos los derechos reservados; **p14-15** © The Natural History Museum, Londres; **p14** (b i) © The Natural History Museum, Londres; **p15** (b d) © The Huntarian Museum, University of Glasgow; **p16** © The Natural History Museum, Londres; **p17** (fondo) © Digital Vision, (principal) © Jonathan Blair/CORBIS; **p18** (a d) © François Gohier/Ardea London, (b i) ©The Natural History Museum, Londres; **p19** (fondo) © Digital Vision, (principal) © Horizon Originals y Chris Darga previa autorización, todos los derechos reservados; **p20-21** (fondo) © John Russell; **p20** © Horizon Originals y Chris Darga previa autorización, todos los derechos reservados; **p21** The Natural History Museum, Londres; **p22** (b i) © The Natural History Museum, Londres; **p23** (a d) y (b d) © The Natural History Museum, Londres; **p25** (fondo) © Digital Vision, (principal) © J. Eastcott y Y. Momatiuk/Planet Earth Pictures; **p26-27** © The Natural History Museum, Londres; **p27** © Horizon Originals y Chris Darga previa autorización, todos los derechos reservados; **p28** (b d) © Peter Smithers/CORBIS; **p30** (a i) P. Morris/Ardea London, (b) © The Natural History Museum, Londres; **p31** (a i) © The Natural History Museum, Londres, (b d) © The Natural History Museum, Londres; **p32-33** © The Natural History Museum, Londres; **p34-35** © Digital Vision; **p34** © The Natural History Museum, Londres; **p35** © Horizon Originals y Chris Darga previa autorización, todos los derechos reservados; Jim Zuckerman/CORBIS; **p36-37** © Horizon Originals y Chris Darga previa autorización, todos los derechos reservados; **p40** © Horizon Originals y Chris Darga previa autorización, todos los derechos reservados; **p41** The Natural History Museum, Londres; **p42** © J. Eastcott y Y. Momatiuk/Planet Earth Pictures; **p47** © The Natural History Museum, Londres; **p48** © James A. Sugar/CORBIS; **p49** (a d) Don Davis/NASA, (b) © D. J. Roddy, U.S. Geological Survey; **p50-51** © Professor K. Seddon y Dr. T. Evans, Queens University, Belfast/Science Photo Library, (fondo) © Horizon Originals y Chris Darga previa autorización, todos los derechos reservados; **p50** © Layne Kennedy/CORBIS; **p52-53** © The Natural History Museum, Londres; **p54-55** (fondo) © Digital Vision; **p55** 1998 Slott, Fleming y Burnham previa autorización, todos los derechos reservados; **p56-57** © Digital Vision; **p58** © Horizon Originals and Chris Darga previa autorización, todos los derechos reservados; **p59** © The Natural History Museum, Londres

Usborne Publishing Ltd. no es responsable ni acepta responsabilidad por el contenido o la disponibilidad de las páginas web, a excepción de la página web propia. Asímismo, Usborne declina toda responsabilidad relativa a material que pudiera ser considerado perjudicial, ofensivo o inexacto y que pudiera ser accesible a través de Internet. Usborne no acepta responsabilidades por daños o pérdidas causadas al usuario por virus informáticos que pudieran infiltrarse al visitar las páginas web recomendadas. Las ilustraciones de Usborne disponibles para descargar son propiedad copyright de Usborne Publishing Ltd. Queda prohibida su reproducción por medios reprográficos o electrónicos para fines comerciales o de lucro.

Copyright © 2001 Usborne Publishing Ltd., Usborne House, 83-85 Saffron Hill, Londres EC1N 8RT, Gran Bretaña. **www.usborne.com**
Copyright © 2001 Usborne Publishing Ltd. en español para todo el mundo. Primera edición 2001 en lengua española para Estados Unidos. El nombre Usborne y los símbolos ♔ ♗ son Marcas Registradas de Usborne Publishing Ltd. Todos los derechos reservados. Bajo las sanciones establecidas en las leyes, queda rigurosamente prohibida, sin autorización escrita de los titulares del copyright, la reproducción total o parcial de esta obra por cualquier medio o procedimiento, comprendidos la reprografía y el tratamiento informático, así como la distribución de ejemplares de la misma mediante alquiler o préstamo públicos. Impreso en Portugal.